# Correspondance

## INFERNALE,

OU

## LETTRES PARTICULIÈRES

## DE SATAN,

### A SON CHARGÉ D'AFFAIRES EN FRANCE,

RELATIVEMENT

## AU PROCÈS DES MINISTRES.

PRIX : 50 CENT.

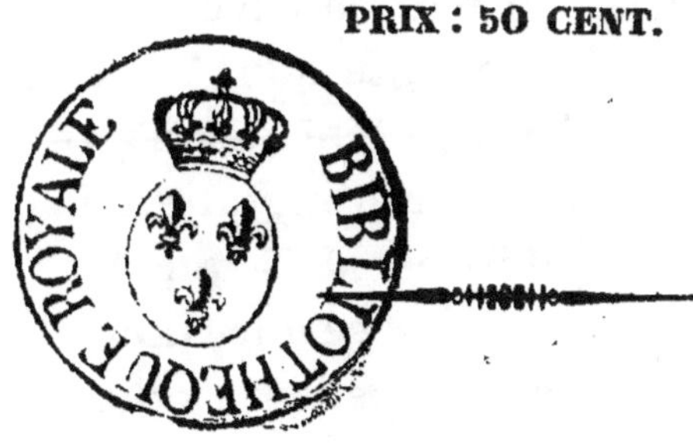



## A PARIS,

CHEZ LES MARCHANDS DE NOUVEAUTÉS.

—

## 1830.

# CORRESPONDANCE

## INFERNALE.

De l'Enfer, ce 11 décembre 1830.

### SATAN A SON CHARGÉ D'AFFAIRES.

Les nouvelles que vous m'avez transmises dernièrement, mon très-cher, ont produit ici une merveilleuse sensation, et la Cour infernale vous a spontanément voté d'unanimes actions de grâce, pour le zèle que vous apportez au succès de notre entreprise dans le département qui vous est confié. Remerciez en particulier de ma part ce bon évêque de......; sa fuite nous a été encore plus utile que ne l'avaient été jusqu'ici ses prédications. Cependant ce serait ingratitude d'oublier ce que nous leur devons. Mais que le pasteur s'éloigne du troupeau, c'est ce que, nous autres loups, comme ils nous appellent, nous devons désirer le plus chaudement; aussi, je vous le répète, faites connaître ma vive satisfaction à tous nos amis d'outre-France, en attendant que je puisse la leur témoigner moi-même quelque jour, comme cela ne paraît guère devoir leur manquer.

Vos quatre prisonniers sont donc rendus au palais du Luxembourg?....... Comment se fait-il qu'ils y soient arrivés sans accident ? Nous étions tous ici dans l'attente d'une émeute; et, foi de Satan, nous sommes un peu mortifiés que nos gens se soient ainsi endormis!...... un retard dérange bien des choses, et telle occasion qu'on laisse échapper ne se retrouve plus. Vous voyez que quelquefois je sais comme un autre faire de la morale ! je suis assez souvent forcé de recourir à ce moyen pour soutenir mon crédit qui commence à vieillir un peu! il faut bien faire argent de tout, dans une position comme la mienne !.... Ainsi fais-je, mon cher ami, et ainsi devez-vous faire pour me seconder. Ne négligez donc pas les moindres chances de succès. Nous avons plusieurs zélés partisans dans les deux chambres ; et cependant on me fait craindre que l'esprit général ne soit pas tel que nous le désirons; mais ce serait toujours un grand point si nous parvenons à gagner le peuple, et cette importante mission vous est réservée toute entière. Agissez de toutes sortes, mon cher lutin ! Si vous venez à bout d'ébranler la populace, et de la mettre quelque peu en appétit de pillage, je vous réponds de ma bonne ville de Paris, et je veux être converti, si nous n'obtenons pas une combustion générale : le tout est de savoir mettre à propos le feu aux étoupes. Ayez donc l'œil et l'oreille au guet, et tâchez qu'en toutes choses, le diable n'y perde rien. Je vous estime trop pour ne pas tout espérer.

Belzébuth vous embrasse, et moi je suis pour toujours et avec chaleur votre affectionné,

SATAN.

## LE CHARGÉ D'AFFAIRES A SATAN.

Très-diabolique Majesté, je m'empresse de répondre, poste pour poste, à votre honorée lettre de ce jour. Nous n'avons pas un instant à perdre si nous voulons tirer quelque parti des circonstances, et grand besoin nous est de vos instructions !..... Mais, quelque pénible que me soit cet aveu, je dois vous prévenir que les choses ne se présentent pas aussi favorablement que vous semblez le croire. Ou je me trompe, ou vous voilà, en votre qualité de prince, aussi ignorant de la vérité que vos collègues terrestres. Il faut en convenir, si la vérité répugne à séjourner chez les potentats de la chrétienté, on ne peut peut guère s'étonner qu'elle se refuse à pénétrer dans le palais de Satan !..... Elle y serait encore plus maltraitée, s'il est possible, que parmi les hommes.

Ne croyez pas que notre vigilance ait été engourdie lors du voyage de Vincennes. Nous n'avons pas cessé de nous montrer dignes de votre infernale bienveillance en agissant comme de bons et loyaux lutins. Mais ce peuple est plus difficile à remuer que vous ne l'imaginez!... Nous avons beau souffler vents et tempêtes, le drôle commence à vouloir sérieusement calme et repos!..... et il se pourrait que bientôt il cherchât beaucoup plus ses propres intérêts que les nôtres! alors force nous serait d'abandonner la partie. Avouons-le entre nous, nous avons fait une lourde faute en éclairant le peuple; cela nous a d'abord servi, je n'en disconviens pas, mais aujourd'hui c'est trop de lumière! il y voit clair comme en plein jour, et cela nous gêne beaucoup pour le diriger : il n'est pas maintenant jusqu'au plus mince ouvrier qui ne veuille savoir pourquoi il agit, quel bien-être il en pourra retirer? Que voulez-vous faire avec des gens qui raisonnent sur tout, qui calculent toutes leurs actions!.... Si le peuple se met à avoir du bon sens, il aura un immense avantage sur les autres classes, et malgré ces dernières, je vous le répète avec douleur, nous sommes perdus!....

Il y a bien un autre danger à vous signaler!... et vous ne devineriez jamais d'où il vient!... Le clergé n'est pas tout entier pour nous!.... Croiriez-vous qu'il se rencontre encore de ces rustres qui veulent ramener l'église à son institution première? Vous sentez tout ce que nos pauvres prélats y perdraient! Aussi, presque tous s'indignent-ils; et nous devons compter sur eux!... Mais leurs adversaires sont forts de l'opinion de ce même peuple qui pourait bien prendre goût à la religion s'il venait à la connaître, et les nôtres cessant de l'administrer cela arriverait infailliblement.

Voilà donc le véritable état des choses! Au premier abord tout paraît aller à la diable; mais un examen plus approfondi, détruit bientôt de si douces illusions!... Et à travers l'apparente effervescence des esprits, il est impossible de ne pas découvrir un fond de tranquillité insupportable. C'est une mer dont la surface seulement paraît agitée; mais si vous plongez dans l'abîme, vous n'y trouvez partout qu'une immobilité qui défierait l'enfer tout entier!

Nous ne perdons pas courage néanmoins; et votre Majesté jugera elle-même par les rapports fidèles que je lui communiquerai, si nous sommes toujours dignes de l'honneur que nous avons de lui appartenir.

Je suis, etc.

---

## LE MÊME A SATAN.

Je l'ai déjà dit à votre Majesté, il n'y a rien à faire de ce peuple qui devient chaque jour de plus en plus indécrottable; j'ai présidé cette nuit un secret conciliabule des nôtres. Il s'agissait d'aviser au moyen de mettre en mouvement cette populace apathique. L'avouerai-je à notre grande confusion, nous avons reconnu que tout avait été jusqu'ici tenté sans succès. Tous nos mouchards ont été entendus : Carlistes, Jacobins, Napoléonistes; enfin, Diables de toutes les confréries, sans en excepter nos pauvres Jésuites, tombés maintenant dans un déplorable discrédit ! . . . Hé bien, tous ont été d'accord sur l'insuffisance de leurs efforts ! . . . On disait aux jésuites : Vous vouliez vous mettre à la place de la religion ! Nous vous préférons l'évangile ! Aux Napoléonistes : nous savons ce que coûte la gloire ! . . . Nous aimons mieux l'égide des lois que l'ombre funeste du laurier des conquêtes !... nous voulons sur le trône de France, un Français. Aux Jacobins : Retirez-vous, hommes de carnage qui avez souillé jusqu'à la liberté ! . . , vos haines sanglantes ont amené nos malheurs ! retirez-vous, vous qui remplaciez la justice par la vengeance ! vous avez fait de l'aurore de nos plus chères institutions, une ère de douleurs et de crimes ! . . . 93 vous doit son affreuse immortalité ! . . . 1830 vous réprouve ! . . . Aux Carlistes : Vous avez voulu séparer votre cause de celle du pays ! l'événement a prononcé. Stationnaires incorrigibles, vous avez cru pouvoir arrêter le siècle dans sa course ! ... demeurez donc pour toujours en arrière de ce peuple que vous n'avez pas su comprendre ! Apprenez par votre exemple aux gouvernemens à venir, que le temps ne recule jamais ! . . .

Tels sont les discours que l'on nous tient . . . et en voilà plus qu'il n'en faut pour énerver la multitude ! . . . Nos gens ne savent que répondre à ces propos qu'on leur débite de tous côtés; et le découragement pourrait bien les prendre si cela continue. Que faire !... Vous seul pouvez le savoir ! . . . et connaître aussi avec qu'elle anxiété nous attendons vos ordres ! La France est un point trop important dans l'Europe pour consentir à l'abandonner ! . . . Bientôt elle entraînerait les autres puissances dans sa défection !... Mêlez-vous donc au plus vite de nos affaires, ou je prévois qu'avant peu , la terre deviendra pour nous inhabitable.

Je suis avec consternation , etc.

---

## SATAN A SON CHARGÉ D'AFFAIRES.

Vous m'affectez douloureusement, mon pauvre lutin , par le récit des difficultés qui entravent votre marche !..... Nous avons tous les larmes aux yeux en lisant votre dernier rapport!..... et plusieurs de nos diablesses en ont eu des attaques de nerfs ! Est-il donc si difficile aujourd'hui de faire le mal !..... Si les choses ne s'améliorent pas, notre métier sera le pire de tous!.... et ç'en est fait de l'Enfer.

Surveillez donc un peu nos journalistes! à quoi pensent-ils d'aller, en ce moment, parler de concorde et de modération !.... Les drôles tiennent tous le même langage, excepté deux ou trois qu'on ne lit guères, et depuis quelque temps je suis forcé de mettre à l'index jusqu'à notre Constitutionnel ! lui aussi finirait par corrompre l'Enfer !.... En vérité, mon cher ami, on nous fera bientôt regretter l'ancien régime !..... Il y a six mois, vous vous rappelez nos espérances ! qui eût pensé qu'elles dussent ne pas se réaliser !..... Une puissance fatale semble tourner nos propres armes contre nous ! luttons cependant avec persévérance, et, s'il faut tomber, que notre ruine du moins entraîne d'autres ruines.

Votre bon maître,

SATAN.

----

## LE CHARGÉ D'AFFAIRES A SATAN.

Terrible Majesté, le grand procès est commencé. C'est une chose désolante que la publicité des débats!.... rien de plus propre à contrarier nos désirs !.... Le peuple est instruit des moindres détails ; il est impossible de lui faire voir les choses autrement qu'elles ne sont! et je commence à reconnaître les dangers de la presse !.... mais il est trop tard.

Décidément nos affidés sont en petit nombre chez les Pairs, comme dans l'autre Chambre !.... On assure que les coupables auront la vie sauve, et ces bruits n'éveillent encore aucune fermentation ! je désespère de pouvoir faire réussir un coup de main. C'est pour nous une désastreuse invention que cette garde nationale ; elle nous incommode fort en cette occasion, et voici que le Gouvernement lui - même déconcerte nos plans.

J'avais pensé que quelques placards, comme nous autres en savons faire, seconderaient nos projets et nous rallieraient au moins quelques gens déterminés. Une mesure maudite nous enlève encore cette ressource ; on nous ôte les crieurs publics !.... on nous interdit les murailles, autrefois tapissées de nos écrits !.... Enfin, de jour en jour, nos forces s'épuisent, et peut-être je ne tarderai guères à déserter mon poste pour vous aller rejoindre ! bientôt je n'aurai plus rien à faire ici ; et sans flatterie je serai moins désagréablement encore auprès de vous.

Je vous envoie certaine proclamation qu'heureusement j'ai fait saisir avant qu'elle pût être connue du peuple ! vous jugerez vous-même du danger qu'il y aurait à laisser circuler de pareils écrits ! et si je vous dis que là est la véritable expression de l'opinion publique , votre Majesté appréciera tout le péril de notre situation.

---

## JUSTICE!!!!

« Magnanimes habitans de Paris!... tel était
« votre cri en vous élançant naguère au travers
« des balles du despotisme! tel il est encore au-
« jourd'hui que vous avez conquis votre liberté!....
« C'est pour la justice que vous avez combattu ;
« et les nations , témoins de vos héroïques efforts,
« ont applaudi à votre triomphe parce qu'il était
« celui d'une cause sacrée!... Vous êtes grands
« parce que vous avez été justes!....

« Votre gloire n'est point d'avoir renversé un
« trône en trois jours!... d'avoir vaincu des trou-
« pes accoutumées à vaincre!.... pour cela il ne
« faut que du courage!... Mais ce qui vous élève
« entre tous les peuples libres, ce qui assure à
« notre époque une immortalité sans exemple
« jusqu'ici dans les fastes de l'histoire, c'est votre
« générosité envers vos frères égarés, votre mo-
« dération dans la victoire , votre respect pour
« les lois! votre amour pour la justice!...

« Honneur à vous, héros de 1830!... plus grands
« que vos pères, parce qu'en chérissant comme
« eux la liberté vous ne l'avez pas comme eux
« souillée par le crime!... honneur à vous! vous

« n'avez point taché vos armes du sang d'un en-
« nemi désarmé! ce sang n'a coulé qu'en se mê-
« lant avec le vôtre dans le combat!... et la pos-
« térité, heureuse sous les institutions que vous
« lui léguerez, en sera redevable à votre sagesse
« non moins qu'à votre courage. Jouissez donc
« maintenant des fruits de votre triomphe!... la
« France a repris son rang parmi les nations!...
« l'Europe la proclame la fille aînée de la li-
« berté!... Hommes de cœur, votre noble tâche
« est accomplie!... vous avez répondu à l'appel
« de votre patrie gémissante!... mais aujourd'hui
« que, rentrés dans votre repos, vous avez dé-
« posé à ses pieds vos trophées, elle attend de
« vous des services nouveaux!... ses cicatrices sont
« encore saignantes!... c'est à vous de les fer-
« mer!... éteignez pour jamais le feu des discordes
« civiles! enfans d'une même mère, qu'un même
« intérêt vous réunisse!... les arts, le commerce,
« l'industrie vous attendent!... par eux notre
« France rajeunie va de nouveau devenir floris-
« sante, et montrer qu'un peuple libre est dans
« la paix le plus heureux, comme dans la guerre
« le plus vaillant de tous les peuples.

« Braves concitoyens!... un procès mémorable
« vient de commencer!... des juges conscien-
« cieux, comprenant toute l'importance de leur
« mandat, vont prononcer sur le sort des cou-
« pables!... la vérité sera dévoilée toute entière
« et la justice sera satisfaite!... Et voici que des

« hommes inquiets, ardens, cherchent à fomen-
« ter des troubles sous des prétextes injurieux à
« l'honneur de la Haute-Cour établie par vous
« pour être l'organe de la loi!... Spectres hideux
« d'une époque désastreuse, ils apparaissent
« parmi vous, rallumant les haines, appelant
« la vengeance, excitant la sédition à la ruine de
« cet ordre social qui est votre conquête!... Qui
« sont-ils ces provocateurs?... des ennemis secrets
« de nos institutions saintes! soudoyés peut-être
« pour alimenter des discordes funestes!... des
« ambitieux, qui profiteraient de nos dissen-
« sions parce qu'ils ne sauraient grandir qu'en
« montant sur des ruines!... des lâches jaloux
« de votre gloire qui pensent la ternir avec du
« sang!... des furieux qui croient encore honorer
« la liberté en faisant rouler quelques têtes sur
« son autel!... des hommes de carnage, qui sou-
« rient à l'échafaud, et se repaissent de sang et
« de larmes comme ces animaux terribles qui ne
« vivent que parmi les cadavres.

« Justice!... c'est par ce cri, devenu votre cri
« de victoire, que nous repousserons leurs per-
« fides insinuations! Justice! la loi nous la pro-
« met! la loi sera respectée!... braves amis, c'est
« pour elle que vous avez vaincu, et au jour où
« elle serait menacée, une population généreuse
« surgirait encore pour la défendre!... un nou-
« veau triomphe vous payerait de nouveaux ef-

« forts!... un autre despotisme succomberait :
« lâche, puisqu'il conseille l'assassinat; insensé,
« puisqu'il ne comprend pas l'intervalle qui sé-
« pare 93 de 1830. »

Un Ami du Peuple.

IMPRIMERIE DE DEMONVILLE,
Rue Christine, n° 2.